www.ingramcontent.com/pod-product-compliance
Lightning Source LLC
LaVergne TN
LVHW010102061026
849532LV00008BA/2930
* 9 7 8 9 3 6 9 0 8 6 7 4 0 *

بوئے گل نالۂ دل

(مجموعہ کلام)

حسرت سہروردی

Boo-e-Gul Naala-e-Dil *(Poetry)*
by: Hasrat Soharwardy
Edition: September '2025
Publisher :
Taemeer Publications LLC (Michigan, USA / Hyderabad, India)

ISBN 978-93-6908-674-0

9 789369 086740

کتاب	:	**بوئے گل نالۂ دل** (مجموعہ کلام)
مصنف	:	**حسرت سہروردی**
صنف	:	شاعری
ناشر	:	تعمیر پبلی کیشنز (حیدرآباد، انڈیا)
سالِ اشاعت	:	۲۰۲۵ء
صفحات	:	۷۴
سرورق ڈیزائن	:	تعمیر ویب ڈیزائن

○

انتساب

صدیقہ
شائستہ
شیریں

اور

میرے محسن

آر۔ محمد شمسُ الدین

مالک

رشید ملگیُ، گاندھی مارکیٹ، ترچناپلی۔ ۸

کے

نام

خدا کرے کہ ملے خضر کی حیات تجھے

★ پیش لفظ .... سجاد ظہیر

★ سخن مختصر .... حسرت سہروردی

★ نظمیں .... } حسرت سہروردی

★ غزلیں .... } حسرت سہروردی

★ تاثرات .... • پروفیسر محبوب پاشا

• ڈاکٹر سید صفی اللہ

• علیم صبا نویدی

پیش لفظ

میں یہ سطریں کشمیر کے ایک پُر بہار اور جانفزا گوشے میں بیٹھا تحریر کر رہا ہوں۔ رنگین جھیل کا خاموش کنارا ہے۔ اس وقت ہوا بالکل بند ہے اور جھیل کے صاف شفاف نیلگوں پانی پر اڑتے ہوئے بادلوں کے سائے پڑ رہے ہیں۔ جھیل کے اس پار ہری پربت کی پہاڑ کی چوٹی پر اکبر اعظم کے تعمیر کئے ہوئے قلعے کی فصیلیں دکھائی دے رہی ہیں۔ قلعہ دور سے بالکل ثابت اور سالم نظر آتا ہے معلوم ہوتا ہے جیسے ابھی کل ہی اس کی تعمیر ختم ہوئی ہے گو کہ فی الحقیقت یہ کوئی چار سو سال پرانا ہوگا۔ لیکن اس وقت میرے سامنے میز پر ترچناپلی کے شاعر حسرت سہروردی کا کلام ہے۔ میں بار بار ان کے قلمی مسودے کے صفحے پلٹتا ہوں اور ان کے اشعار سے لطف اندوز ہوتا ہوں اور دل میں سوچتا ہوں کہ ہماری تہذیب بھی کس قدر وسیع اور کتنی حسین و جمیل ہے کہ شمال کے اس دور دراز علاقے سے لے کر ہزاروں میل دور جنوب بعید تک یعنی تامل ناڈو اور ترچناپلی تک اس کے دلکش نقش و نگار پھیلے ہوئے ہیں اور منجملہ دوسری چیزوں کے اردو زبان اور ادب میں شاید اس تہذیبی زنجیر کی وہ سنہری کڑی ہے جو جدید کشمیر کو ترچناپلی سے جوڑتی ہے۔ کشمیر کی زبان کشمیری ہے اور تامل ناڈو کی تامل۔ تاہم یہ بھی ایک جیتی جاگتی حقیقت ہے کہ کشمیر میں اردو کے ادیب اور شاعر صدیوں سے موجود ہیں اور آج بھی یہاں اُردو ادب کی ترویج و ترقی

ہو رہی ہے اور ترچناپلی میں بھی یہی کیفیت ہے۔

تقریباً دو برس پہلے مجھے وہاں جانے کا اتفاق ہوا۔ تامل ناڈو کے ادیبوں، شاعروں اور فن کاروں کے ایک کلچرل اجتماع میں شرکت کرنے کے لیے، اور میرے تعجب اور میری مسرت کی کوئی انتہا نہیں رہی جب میں نے یہ دیکھا کہ اس اجتماع کی تقریبات میں اردو کا ایک مشاعرہ بھی تھا! حسرت سہروردی، جو ترچناپلی کے ایک کالج میں شعبۂ اُردو کے سربراہ ہیں۔ اس مشاعرہ کے روحِ رواں تھے۔ میں نے ان کا کلام پہلی بار وہیں سنا اور ان سے بیحد متاثر ہوا اور دل ہی دل میں پشیمان بھی ہوا کہ اتنے اچھے اور ہونہار اور پختہ کلام شاعر کے وجود سے میں اس وقت تک ناواقف تھا۔ جنوبی ہند کے اردو ادب سے میری واقفیت، حیدرآباد، میسور اور کسی قدر مدراس تک محدود تھی، ہماری زبان نے ترچناپلی میں رنگا رنگ اور معطر پھول کھلائے ہیں اس کا مجھے علم نہیں تھا۔ یہ میری اور میری طرح کے اور بہت سے شمالی ہند کے اُردو دانوں کی محرومی ہے جس پر جتنا بھی افسوس کیا جائے کم ہے۔ ہمیں کم از کم اپنے ادب کے خزانے میں موجود درخشاں جواہر پاروں کا تو علم ہونا ہی چاہیے۔ بعد کو حسرت سہروردی نے دلی آکر تقریباً ایک سال وہیں قیام کیا اور اب مجھے ان سے بار بار ملنے کا موقع ملا۔ میں ان کی سنجیدگی، ان کی علمیت، ان کے ستھرے ادبی ذوق سے متاثر ہوا اور اس نتیجہ پر پہنچا کہ یہ آہستہ کلام اور متبسم شخص کتنا اچھا انسان بھی ہے غالباً ایک اچھا شاعر ہونے کے لیے یہ صفات بھی ضروری ہیں۔

حسرت اس طرح کے شعر کہہ سکتے ہیں ؎

ایک مدت ہوئی ہے بات ہوئے　　　یہ بھی کوئی تعلقات ہوئے

کتنی کلاسیکی سادگی ہے اس چھوٹے سے شعر میں اور مجھے تو ایسا لگتا ہے کہ یہ شعر ضرب المثل بن جائے گا۔" حسرت کی غزلوں میں جو چیز مجھے خاص طور پر اچھی لگتی ہے وہ یہ ہے کہ ان میں تغزل یعنی عشق و محبت، رنج و حرماں کے دل کش بیان کے ساتھ ساتھ موجودہ زندگی کے وسیع تر مسائل پر تیکھا اور پر خلوص تبصرہ بھی ہے یہ ایک ایسی صفت ہے جو جدید اُردو ادب کو ترقی پسند شاعروں کی دین ہے اور جس سمت میں مجروح اور فیض کی غزلوں نے خاص طور پر

7

ہماری غزل کی شاعری کو موڑا ہے۔" مثال کے طور پر ان اشعار کو دیکھئے ۔

تمہاری بزم میں ہوں یا تمہاری بزم سے دور
جہاں جہاں بھی رہیں گے، رہیں گے ہم مشہور
نہ زندگی کا سلیقہ نہ زندگی کا شعور
جناب شیخ ہیں اس پر بھی کس قدر مغرور
ہماری بزم میں آئے تو سرفراز ہوئے
ہماری بزم سے اٹھے تو ہو گئے معزور
لبوں پہ مُہر لگی ہے تو پاؤں میں زنجیر
تمہاری بزم کا دستور بھی ہے کیا دستور

اسی کے ساتھ حسرت کے یہاں انسان اور انسانیت پر پورے اعتماد کا اظہار بھی ملتا ہے۔ زندگی لاکھ آلام و مصائب میں گھری ہوئی سہی، لیکن حسرت انسانی عزائم سے مایوس نہیں ہیں۔ وہ بڑی ہمت کے ساتھ آواز دیتے ہیں۔

مری باہیں سلامت، ٹوٹ جائے — اگر پتوار، تو کچھ غم نہیں ہے
بڑھاؤ ہاتھ مستقبل کی جانب — مزاجِ زندگی برہم نہیں ہے

اور اس خیال کو ایک دوسری جگہ یوں پیش کیا ہے۔

دیکھ ہمالہ ہار گیا
ہمت والے اور بلند
عظمتِ انساں کے صدقے
تاروں پہ پڑتی ہے کمند

آج ہمارے ادب میں ایک بدنصیب گروہ ایسا بھی پیدا ہو گیا ہے جو انسان کی تنہائی کا مسلسل رونا روتا ہے جیسے زندگی بے معنی اور بے مقصد نظر آتی ہے۔ جو ماضی حال اور مستقبل کی تمام قدروں کی نفی کرتا ہے جو خود پرستی کی سمیّت پھیلاتا ہے، اور شکست خوردگی، ہلاکت اور موت کے گُن گانے کو فن کی معراج سمجھتا ہے۔ حسرت کی شاعری ان

تمام پست اور ذلیل رجحانات کی ضد ہے۔ میں اس کا خیر مقدم کرتا ہوں اور امید کرتا ہوں کہ آئندہ زمانے میں حسرت کا کلام اور بھی زیادہ تابانی کے ساتھ ہمارے سامنے آئے گا۔

سجاد ظہیر

۱۶ر جون ۱۹۷۰ء

سخن مختصر

شاعری ادب کی مسکراہٹ ہے۔ایک ایسی مسکراہٹ جس میں غم اور خوشی کے دھارے شامل ہیں۔اور شعر کیفیات کی زبان، میری شاعری انھیں دونوں قدروں کا سنگم ہے۔ میں نے کبھی پابندی کے ساتھ شعر کہنے کی کوشش نہیں کی۔لیکن جب بھی میرے احساسات نے مجھے شعر کہنے پر مجبور کیا تو مجھے ان کے آگے سر جھکانا ہی پڑا۔

ہر شاعر کا اپنا ایک ماحول ہوتا ہے اور اس کی شاعری اس کے ماحول کی عکاس،میری شاعری میں میرے ہی ماحول کی عکاسی ملے گی۔اس کے سوا کی تلاش عبث ہے۔ہر فنکار کی ایک انفرادیت ہوتی ہے اور یہی انفرادیت اس کے لیے مشعلِ راہ بن جاتی ہے۔میں بھی اسی انفرادیت کا قائل ہوں۔ میری شاعری میں کسی بھی" ازم" کی پرچھائیاں نہیں ملیں گی۔لیکن تمام" ازم" میرے پاس آکر ایکدوسرے میں مدغم ہو گئے ہیں۔

شاعر کو دوام صرف اس کی شاعری ہی بخش سکتی ہے ۔ قد آور شخصیتوں کی تقریظیں زیبِ داستاں سے زیادہ اہمیت نہیں رکھتیں۔تقریظوں اور پیش لفظوں سے فائدہ تو نہیں ہوتا بلکہ الٹا نقصان ہوتا ہے۔اس سے شاعر کی" انا" ختم ہو جاتی ہے۔میں نے ہمیشہ اس سے احتراز کیا ہے۔

اپنے پڑھنے والوں سے معذرت خواہ ہوں کہ میں نے بنتے بھائی سے پیش لفظ لکھوایا

ہے۔ دراصل یہ مرحوم کی خواہش تھی، اور بزرگوں کا احترام گویا میرا ایمان ہے۔

بنّے بھائی سے مجھے ایک گونہ عقیدت تھی۔ دلّی کی وہ ایک شام کبھی فراموش نہیں کی جا سکتی۔ جب کہ میں بنّے بھائی کو اپنی چند تخلیقات سنا رہا تھا۔ اب انھیں مرحوم لکھتے ہوئے کلیجہ کٹتا ہے۔ مرحوم بڑے انہماک سے سنتے رہے۔ بعد میں پوچھا کہ کب چھپوا رہے ہو۔ میں نے کہا بہت جلد چھپوانے کا ارادہ ہے۔ جب میں نے مرحوم سے اپنے کلام سے متعلق رائے پوچھی تو انھوں نے کہا کہ میں اپنی رائے تحریری شکل میں بھیج دوں گا۔ تم مسودہ یہیں چھوڑ جاؤ۔

دلّی کے ایک سالہ قیام میں بنّے بھائی سے کئی ملاقاتیں رہیں۔ اس دوران نہ میں نے ان سے پیش لفظ سے متعلق پوچھا اور نہ ہی انھوں نے کچھ کہا۔ میں دلّی کی ملازمت سے سبکدوش ہو کر اپنے وطن لوٹ آیا۔ ایک دن اچانک سرینگر کشمیر سے بنّے بھائی کا گرامی نامہ وصول ہوا۔ جس کے ساتھ پیش لفظ بھی ملفوف تھا۔ پیش لفظ آپ کے سامنے ہے۔ لیکن اس کے پیچھے جو خلوص شامل ہے میرا سر اس کے آگے ہمیشہ جھکا رہے گا۔ کاش یہ مجموعہ ان کی زندگی میں چھپ جاتا۔

اے بسا آرزو کہ خاک شدہ

مسودہ طاقِ نسیاں میں پڑا رہا۔ اگر برادرم محمود خاور کا تعاون شریک حال نہ ہوتا تو شاید دیمک کی نذر بھی ہو جاتا۔ اس کو بھی ایک اتفاق ہی کہئے کہ موصوف نے پہلی ہی ملاقات میں اس کو چھپوانے کا ارادہ ظاہر کیا۔ میرا یہ مجموعہ گویا اسی ارادے کی تکمیل ہے۔ دوستوں کا شکریہ ادا کرنا تو ایک پرانی رسم ہے۔ ناسپاسی ہو گی اگر میں اپنے دشمنوں کا شکریہ ادا نہ کروں۔ ان احباب کی نکتہ چینیاں شاملِ حال نہ ہوتیں تو یہ مجموعہ آپ تک نہیں پہنچتا۔

حسرت سہروردی

"دامن" خواجہ ملے ترچناپلی۔ ۲۰

(11)

• آزادی کے بعد جن شعرا نے جدید شاعری کی طرف خاص توجہ کی ان میں پروفیسر حسرت سہروردی ممتاز مقام و مرتبہ پر فائز ہیں۔

• حسرت کی شاعری کے بارے میں ان کے ناقدین متفق الرائے ہیں کہ اُن کی شاعری میں فصاحت، بلاغت اور لطافت بدرجۂ اتم موجود ہے۔

• حسرت نے روایت کا بھرپور احترام کرتے ہوئے وقت کے تقاضوں کے پیش نظر جدید رجحانات کو اپنایا ہے۔

• حسرت کی شاعری کی نمایاں خصوصیت یہ ہے کہ انھوں نے میرؔ کے اندازِ بیان کو اپنانے کی بھرپور کوشش کی ہے اور اس میں مکمل طور پر کامیاب بھی ہیں۔

• پروفیسر محبوب پاشا
(سابق پروفیسر گورنمنٹ آرٹس کالج مدراس)

حسرت صاحب کی شخصیت گذشتہ تیس برسوں میں شہر ترچناپلی کے ادبی شعری ماحول کو زندگی بخشنے والوں میں نہ صرف مرکزی حیثیت کی حامل رہی ہے بلکہ تمل ادب کو اردو دنیا سے متعارف کرانے میں بھی آپ ہی کی شخصیت نے منفرد رول ادا کیا ہے۔

حسرت بڑی حد تک ترقی پسند تحریک سے متاثر ہیں لیکن ان کی شاعری کا آغاز اس وقت ہوا تھا جب ترقی پسند شاعری سے جذبات کا غلبہ کم ہو چکا تھا اور اس کی جگہ توازنِ فکر نے لے لی تھی۔ اسی لئے حسرت کی شاعری شعریت اور تغزل کے دائرہ سے باہر قدم نہیں نکالتی۔

حسرت کے ہاں خیال انگیزی بھی ہے اور پیغام عمل بھی ان کے اشعار میں دل کی دھڑکنیں بھی سنائی دیتی ہیں اور زمانے کا درد بھی کروٹیں لیتا نظر آتا ہے کبھی کبھی وہ فیض سے اس قدر قریب تر ہو جاتے ہیں کہ ان کی شاعری "اور بھی غم ہیں زمانے میں محبت کے سوا" کا آئینہ بن جاتی ہے اور کبھی میر سے اس قدر قریب ہو جاتے ہیں کہ ان کی شاعری صدائے درویشانہ بن جاتی ہے۔ یاسیت، درد و الم، انسان کی بے بسی، دنیا کی بے اعتباری ان کی شاعری کی نہ صرف محرک ہیں بلکہ عکس نفیس بھی ہیں۔ بے شک ہندی الفاظ کے استعمال کے علاوہ بیان کی شوخی اور خیال کی ندرت ان کے کلام میں تازگی پیدا کر دیتی ہے۔

• ڈاکٹر سید صفی اللہ
ریڈر شعبۂ اردو یونیورسٹی آف مدراس

● ٹمل ناڈو میں کلاسیکی غزل کی سالمیتِ بقا اور اس کے صحت مند اقدار کے تحفظ کیلئے بڑی عرق ریزی اور جانفشانی سے کام کرنے والوں میں حسرت سہروردی کا نام بڑی اہمیت کا حامل ہے۔

● حسرت سہروردی نے روایتی غزل کے ہاتھ پر بیعت کرنے کے بعد خلافت کی وہ منزلیں طے کی ہیں جو ذہنی و قلبی طمانیت کا ماخذ و منبع ہیں۔

● حسرت سہروردی کا اہم کارنامہ یہ ہے کہ موصوف نے زبانِ غزل کی دُلہن کو بڑے چاؤ سے سنوار کر، نکھار کر اس کو تغزل کے خوبصورت زیور سے بھی لیس کیا ہے۔

● حسرت سہروردی کلاسیکی غزل کو روایتی دائرے سے باہر نکال کر نئی سمتوں، نئے زاویوں اور آفاقی رفعتوں سے روشناس کرنے والوں کو پسند ضرور کرتے ہیں لیکن وہ ان شعراء کی صف میں شریک ہو کر پاکیزہ کلاسیکی قدروں سے اپنے آپ کو الگ کرنا بھی گوارا نہیں کرتے۔ حسرت سہروردی کی انہی صفات نے انھیں ٹمل ناڈو کی اردو دنیا میں ہمیشہ ممتاز و باوقار مقام عطا کیا ہے۔

● علیم صبا نویدی
مُصنف "ٹمل ناڈو میں اردو"
مطبوعہ ترقی اردو بیورو نئی دہلی

14

نظمیں اور غزلیں

15

شاہجہاں کی آواز

تم مجھے شاہجہاں کہہ کے پکارا نہ کرو
میں شہنشاہ بھی ہوں اور اک انسان بھی ہوں

تم نے تو شاہجہاں ہی کو فقط دیکھا ہے
تم کو سطوت کے نشاں ہی نظر آئے ہر سو
کاش تم دیکھ بھی سکتے مرا کاشانۂ دل
عظمت و شوکتِ انسان کا گہوارہ ہے

یہ مرا تاج محل اور یہ میرا قلعہ
ان کا ہر نقش یہ دیتا ہے گواہی اے دوست
میں نے مزدور کے فنکار کو پہچانا ہے
میں نے مزدور کو بخشی ہے حیاتِ جاوید

16

میری تخئیل کو مرمر میں سمونے والے
نہ مٹے ہیں نہ مٹیں گے نہ ہی مٹ سکتے ہیں
جب بھی دو عشق کے ماروں کی زباں پہ دوست
نام ممتاز کا آئے گا بصد حسن و خلوص

ساتھ ہی عظمتِ مزدور بھی ظاہر ہوگی
لوگ فنکار کے اخلاص کے گن گائیں گے

میں تو تاریخ کے صفحات میں چھپ جاؤں گا
کون جانے کہ نئی پود مجھے بھول ہی جائے
لیکن اے دوست مرا تاج محل ہے جب تک
لوگ فن کار کی عظمت کو نہیں بھولیں گے
لوگ فن کار کے اخلاص کے گن گائیں گے

تم مجھے شاہجہاں کہہ کے پکارا نہ کرو
میں شہنشاہ بھی ہوں اور اک انسان بھی ہوں

★

(17)

تجدید

جب بھی تو ہوتی ہے مرے پاس اے جانِ حیات
ہوش اتنا بھی نہیں ہوتا کہ میں ہوں کہ نہیں
زندگی دردِ مسلسل ہی سہی کچھ بھی سہی
چند لمحوں کے لیے خود کو بھلا دیتا ہوں
مہر لگ جاتی ہے احساس کے دروازوں پر

ہر نفس کو مرے قربت تری گرماتی ہے
تیرے ہر لمس سے ملتا ہے سکونِ جاوید
دلِ افسردہ مرا چشمِ فسوں ساز تری
جانے کس جادۂ منزل پہ رواں ہیں دونوں
کون جانے کہ کہاں جا کے یہ رک جائیں گے

18

اب غمِ زیست کے احساس کی موہوم کرن
مجھ کو پہلو میں ترے دیکھ کے در آتی ہے
جانے کیا سوچ کے اک بار یہ مشاطۂ غم
لوٹ جاتی ہے کہاں کونسی منزل کی طرف
مجھ کو اس کا بھی تو احساس نہیں جانِ حیات

اب ترے غم کو غمِ زیست کے پہلو میں لیے
بڑھ چلا ہوں میں اسی منزلِ دوراں کی طرف
جس جگہ آدمی انسان ہے حیوان نہیں
تیری قربت سے میں اب ہوش نہیں کھوتا ہوں
اک نئے موڑ پہ لایا ہے ترا پیار مجھے

★

19

غزل

قہر بداماں عیش پسند
توڑ دے اُٹھ کر طوق و بند

یا غمِ دوراں یا غمِ دل
دونوں میں کر ایک پسند

دیکھ ہمالہ ہار گیا۔۔۔۔
ہمّت والے اور بلند

عظمتِ انساں کے صدقے!
تاروں پر پڑتی ہے کمند

جل کے رہے گی شمعِ امن
اپنے عزائم کی سوگند

خون کے آنسو رونا ہے
حسرت کب تک اشکِ قند

•

غزل

دلِ محزوں نے کر دیا بدنام کیا محبت کا ہے یہی انجام
بال سنواریں گے کاکلِ گیتی چل پڑے ہیں تو کیا جھجک سے کام

چوٹ کھایا ہوا ہے ٹوٹ نہ جائے دل مئے عشق سے لبالب جام
زلفِ برہم سے کب تلک کھیلوں اور بھی ہیں مجھے جہاں میں کام

دل کو آزارِ جاوداں دے کر وہ چلے جا رہے ہیں مست خرام
اب چلے گا نہ آپ کا جادو اب پلاؤ نہ اپنے ہاتھ سے جام

ایک باغی سے رشتۂ اُلفت مفت میں ہو رہے ہو کیوں بدنام
وہ بھلے ہوں بُرے ہوں کچھ بھی ہوں
حسرتِ بے ریا کو ان سے کام

21

غزل

جانے کیوں میری آنکھ بھر آئی
آج شاید کسی سے ٹکرائی

ہاں سنبھل کر قدم بڑھائے جا
عشق کی ہو نہ جائے رسوائی

میں کہاں ڈھونڈتا ہوں منزل کو
خود ہے منزل مری تمنائی

لغزشِ پا کو دو مبارک ہو
ان کے در پر رکے ہیں سودائی

کون کس کا ہے اس زمانے میں
کام آئی تو میری تنہائی

اب جنوں میں یہ حال ہے اپنا
خود تماشا ہیں خود تماشائی

آپ واقف نہیں ہیں حسرت سے
وہی آوارہ گرد ہرجائی

•

22

غزل

غمِ دوراں سے بڑھ کر غم نہیں ہے
غمِ جاناں میں اب دم خم نہیں ہے

قیامت کا تصور کرنے والو
قیامت سے یہ دنیا کم نہیں ہے

زمانے کے غموں پر رو رہا ہوں
مجھے واللہ اپنا غم نہیں ہے

مری بانہیں سلامت، ٹوٹ جائے
اگر پتوار تو کچھ غم نہیں ہے

جہاں یہ گر پڑیں گے حشر ہوگا
مرے آنسو ہیں یہ شبنم نہیں ہے

بڑھاؤ ہاتھ مستقبل کی جانب
مزاجِ زندگی برہم نہیں ہے

چلے ہیں وہ بھی حسرت سوئے مقتل
جنھیں اب تک شعورِ غم نہیں ہے

23

غزل

یہ دور دورِ خرد ہے جنوں کا نام نہ لے
حسیں سحر کے عوض ظلمتوں کی شام نہ لے

سنبھالنا ہے تو ہاں بڑھ کے زندگی کو سنبھال
کسی کے مرمریں ہاتھوں سے بڑھ کے جام نہ لے

یہ گردِ راہ بھی دیتی ہے منزلوں کا پتہ
قدم قدم پہ سنبھل کجروی سے کام نہ لے

خزاں کی گود میں پلتی ہے روحِ فصلِ بہار
خزاں کو چھوم بہاروں کا تو پیام نہ لے

زمانہ لاکھ ستائے تجھے مگر حسرت
قسم خدا کی زمانے سے انتقام نہ لے

•

24

غزل

ہر لمحہ ایکساں ہے ترے انتظار میں
کیا فرق رہ گیا ہے خزاں و بہار میں

کچھ حوصلے بھی سرد ہیں کچھ منزلیں بھی سرد
راہیں تھکی ہوئی ہیں نمی ہے غبار میں

یاد آگئی ہیں عہدِ گزشتہ کی تلخیاں
بیٹھا ہوں تھک کے سایۂ گیسوئے یار میں

مایوسیِ زمانہ کوئی اور راہ لے
مدت سے کیوں کھڑی ہے مرے انتظار میں

میں اس کو اتفاق کہوں یا تری کشش
منزل بھی گر ملی تو تری رہگذار میں

حسرت ہر ایک غم کو گلے سے لگائے جا
یہ شغل خوب تر ہے غمِ روزگار میں

•

25

غزل

کچھ تیرے انتظار نے مارا
کچھ دلِ بے قرار نے مارا

کچھ غمِ دل نے کر دیا مجبور
کچھ غمِ روزگار نے مارا

تھے خزاں میں بھی مطمئن ہم لوگ
ہم کو رنگیں بہار نے مارا

نرگسِ اشکبار کی سوگند
گیسوئے تابدار نے مارا

دو قدم رہ گئے تھے منزل کو
خضر کے اعتبار نے مارا

یوں بھی دشوار تھی نہ منزلِ عشق
زیست کے کاروبار نے مارا
آپ کو حضرتِ سہروردی
رنجشِ بے شمار نے مارا

26

غزل

ہم آج سرِ شام جو محفل سے اُٹھے ہیں
کیا ان کو خبر کس کے مقابل سے اُٹھے ہیں

اب ان کے مقدّر کو بھلا کون سنوارے
منزل پہ پہنچ کر بھی جو منزل سے اُٹھے ہیں

اے جانِ جہاں تجھ کو خبر ہے کہ نہیں ہے
طوفان جو رہ رہ کے مرے دل سے اُٹھے ہیں

کہہ دو کوئی ملاّح سے اب غُل نہ مچائے
آسودۂ ساحل ابھی ساحل سے اُٹھے ہیں

ڈرتا ہوں کہیں آگ لگا دیں نہ چمن کو
شعلے جو مرے طوق و سلاسل سے اُٹھے ہیں

ہم انجمنِ کاکُل و رُخسار سے حسرتؔ...
اُٹھے تو ہیں لیکن بڑی مشکل سے اُٹھے ہیں

27

غزل

یہ مانا مے ہے ساغر ہے سبُو ہے
نئے ساقی کی پھر بھی جستجو ہے

حقیقت ہے تمھارا غم بھی لیکن
غمِ دنیا کی بھی اک آبرو ہے

بڑھوں گا ہاں بڑھوں گا سوئے منزل
جو تیرا روئے رنگیں رُو برو ہے

مرے ساغر میں رنگیں مے کے بدلے
مری ہی آرزوؤں کا لہو ہے

خیالِ ماد تو میں کھو گیا تھا
جو ہوش آیا تو اب میں ہوں نہ تُو ہے

نگاہیں جس طرف بھی اُٹھ گئی ہیں
وہی میرا جہانِ آرزو ہے

جو خود مِٹ کر زمانے کو بچا لے
وہی حسرت جہاں میں سرخرو ہے

28

غزل

تیرے غم سے اکثر ہم نے دنیا کے غم جوڑے ہیں
رونے روتے یوں ہم نے آکاش سے تارے توڑے ہیں

اے دنیا کے راہبرو، اے اہلِ سیاست سوچو تو
تم نے کیا کیا اپنی خاطر دنیا میں دُکھ چھوڑے ہیں

چھوٹی چھوٹی موجوں کو اے دوست نہ دیکھ حقارت سے
ان موجوں نے بھی آخر طوفانوں کے رُخ موڑے ہیں

آؤ بھی کچھ دیر تو بیٹھیں غم کی اک فہرست بنائیں
غم نے آخر دل پر کتنے نشتر خنجر توڑے ہیں

اوروں نے چھیڑا نغمہ پیار کی دھندلی یادوں کا
حسرت نے دنیا والو دل کے تار جھنجھوڑے ہیں

•

(29)

غــزل

یہ حسن و عشق ایک ہیں کیا ذات کیا صفات
وہ میری کائنات ہیں میں اُن کی کائنات

منـزل میں گُم ہیں اور بھی راہیں کئی نئی
منزل بھی ایک راہ ہے اے رہروِ حیات

اک جہد مستقل ہی کا ہے نام زندگی
وہ زندگی نہیں ہے نہ ہوں جس میں حادثات

اے کہنہ فلسفو ذرا میرے قریب آؤ
کہنی ہے تم سے آج نئے فلسفوں کی بات

ہم بھی شریکِ بزم ہیں اے جانِ میکدہ
ہم پر ہی کیوں نہیں ہے تری چشمِ التفات

یوں بھی غمِ حیات کو اپنا چکے ہیں ہم
ڈرتے ہیں تیرے غم سے کہیں کھا نہ جائیں مات

حسرت ضرور چھٹ کے رہیں گی سیاہیاں
کب تک دیارِ نور پہ چھائی رہے گی رات

30

غزل

گلوں سے عشق گلستاں سے پیار کرتے رہے
بھری خزاں میں بھی ذکرِ بہار کرتے رہے

ہماری بیخودیٔ شوق کی نہ پوچھ کہ ہم
ترے قریب ترا انتظار کرتے رہے

کسی کے دستِ حنائی کا آسرا لے کر
حفاظتِ غمِ لیل و نہار کرتے رہے

زمانہ یوں بھی کبھی اپنے ساتھ چل نہ سکا
مگر زمانے کا ہم اعتبار کرتے رہے

تمہاری یاد سے وابستہ تلخیاں ہی رہیں
تمہارا ذکر مگر بار بار کرتے رہے

بڑے سلیقے سے پہنچے ہیں آج منزل پر
جو تیری راہگذر اختیار کرتے رہے

غزل کی آڑ میں حسرت غزل کے سودائی
خود اپنے داغِ جگر آشکار کرتے رہے

31

غزل

ایک مدت ہوئی ہے بات ہوئے
یہ سبھی کوئی تعلقات ہوئے

دل کے داغوں سے روشنی لے کر
رہروِ منزلِ حیات ہوئے

ہم نے دامن غموں کا تھام لیا
جب سے جلوے تصورات ہوئے

ان کے آنے سے ان کے جانے تک
کیا خبر کتنے حادثات ہوئے

اہلِ کعبہ کی خیر ہو یارب،
شیخ جی وقفِ سومنات ہوئے

●

غزل

تمھاری چال کی مستی تمھاری زُلف کی بوُ
خدا کرے کہ یہی کیفیت رہے ہر سُو
تمھاری یاد ہی سے آج ہو گئے ہیں مگن
جنھیں نصیب نہ آئی تمھاری زُلف کی بوُ
بدل دیا ہے یہ کس نے نظامِ میخانہ
کہ ٹوٹتے ہی چلے جارہے ہیں جام و سبوُ
جو اپنے چاکِ گریباں کو سی نہیں سکتے
وہ میرے چاکِ گریباں کو کیا کریں گے رفوُ
نہ دیکھ اتنی حقارت سے جام کو ساقی
بھرا ہے میری ہی ناکردہ حسرتوں کا لہوُ
یہ اپنا اپنا مقدر ہے اپنی قسمت ہے
گہُر جو بن نہ سکے تھے وہ بن گئے آنسو
تمھاری نظرِ کرم سے بچا بھی ہے کوئی
ہمیں ہی وہ نہ چلا جن پہ آپ کا جادو
فرازِ طور ہوئی یا فرازِ دار ہوئی
بڑے سلیقے سے حسرت ہوئی جنوں کی نموُ

(33)

غزل

راستے بدلتے ہیں راہرو بدلتے ہیں
پھر بھی اپنی ہمت سے ساتھ ساتھ چلتے ہیں
شاعری محبت ہے شاعری حقیقت ہے
شاعری کے پردے میں انقلاب پلتے ہیں
زندگی کا افسانہ خشک بھی ہے رنگیں بھی
اک چراغ بجھتا ہے سو چراغ جلتے ہیں
ہو سکے تو آ جاؤ چاکِ دل رفو کر لیں
چشمِ نم میں رہ رہ کر اشک خوں مچلتے ہیں
تیز گام سے کہہ دو کارواں میں ہم بھی ہیں
لاکھ بار گرتے ہیں پھر بھی ہم سنبھلتے ہیں
منزلوں کے دیوانے منزلوں کی چاہت میں
رہزنوں کے بھی اکثر ساتھ ساتھ چلتے ہیں
ہم نے دیکھے ہیں اکثر آفتاب ایسے بھی
جو طلوع سے پہلے خود ہی آپ ڈھلتے ہیں
"ہم کہاں کے دانا ہیں کس ہنر میں یکتا ہیں"
جانے پھر بھی کیوں حسرت لوگ ہم سے جلتے ہیں

•

34

غزل

تمھاری بزم میں ہوں یا تمھاری بزم سے دور
جہاں جہاں بھی رہیں گے، رہیں گے ہم مشہور

نہ زندگی کا سلیقہ نہ آگہی نہ شعور
جناب شیخ ہیں اس پر بھی کس قدر مغرور

ہماری بزم میں آئے تو سرفراز ہوئے
ہماری بزم سے اُٹھے تو ہو گئے معذور

لبوں پہ مہر لگی ہے تو پاؤں میں زنجیر
تمھاری بزم کا دستور بھی ہے کیا دستور

بس ایک بار کی شرمندگی مٹی نہ ابھی
بھلا پہنچ کے کریں گے بھی کیا ہم اب سرِ طور

سمجھ میں آئے تو دیوانوں کی سمجھ میں آئے
اک ایسی بات جو میرے سخن میں ہے مستور

غزل کا آئینہ حسرت سنبھال کر رکھیو
تمھارے ہاتھ ہے اب آبروئے صنفِ غیور

35

غزل

بس جو کرتے تھے حوصلوں کی بات
آج کرتے ہیں مرحلوں کی بات

اپنی ہمت کی داد دے اے دوست
اب بھی کرتے ہیں منزلوں کی بات

وہ جو ہیں منزلوں کے دیوانے
کیوں کریں گے وہ فاصلوں کی بات

گوشش گردو غبار تک پہنچی
جانے کیوں آج منزلوں کی بات

اے غمِ زندگی سنبھال مجھے
وہ بھی کرتے ہیں اب دلوں کی بات

جن سے منسوب امنِ دوراں ہے
سن رہے ہیں وہ قاتلوں کی بات

حسرت اس دورِ نارسائی میں
کون سنتا ہے دل جلوں کی بات

غزل

پتہ پتہ بوٹا بوٹا تازگی کچھ ہم ہی سے پائے
اس گلشن میں پھر بھی یارو ہم ہی سے کیوں ہے انپائے

ان کے کھیت پہ لہرائی تو چنچل شوخ سی پُروائی
اپنے کھیت پہ لہرائے تو دُکھ کے بادل ہی لہرائے

دنیا دنیا کیا کہتے ہو دنیا سے کیا لینا ہے
جس دنیا میں پریت نہیں ہے اُس دنیا سے ہم بھر پائے

کونہ کونہ چپہ چپہ جس کو ڈھونڈا تھا آخر
دل میں جھانک کے دیکھا تو دل کے اندر ہی وہ نظر آئے

بھولی بِسری یادوں سے آباد ہیں دل کے ویرانے
دل کا مُرجھایا سا کنول ان ہی یادوں سے کھِل کھِل جائے

کوئی نہیں ہے اس دنیا میں اپنا تنہائی کے سوا
جلوت جلوت دھوکہ دھوکہ حسرت کو خلوت ہی بھائے

37

غزل

ڈگر ڈگر پہ بہاروں سے دشمنی کی ہے
روش روش پہ خزاؤں سے دوستی کی ہے

یہ اتفاق ہے تم نے نِباہ کی ہم سے
وگرنہ دہر میں ہر اک نے دشمنی کی ہے

علاج اپنے جنوں کا نہ ہو سکا ہم سے
خرد نے یوں بھی سعی بار بار ہی کی ہے

جہاں جہاں بھی مجھے ظلمتوں نے گھیرا ہے
وہاں وہاں ترے جلووں نے روشنی کی ہے

گلہ کریں تو بھی کس کا جناب خضر نے جب
قریب منزلِ دل ہم سے دشمنی کی ہے

ہزار ڈھونڈا مگر کوئی آج تک نہ ملا
مجھے تلاش مگر ایک آدمی کی ہے

اس اک ادا پہ زمانے نثار ہوتے ہیں
وہ اک ادا جو تری زُلفِ برہمی کی ہے

سمیٹ کر غمِ جاناں غمِ زمانہ کو
بڑے خلوص سے حسرتؔ نے شاعری کی ہے

•

38

غزل

دامانِ قفس گوشۂ صاحب نظراں ہے
مدت سے مری یاد میں یہ نوحہ کناں ہے

محدودِ زمانہ ہے نہ ہی محدودِ مکاں ہے
حد سلسلۂ شوق کی کیا جانے کہاں ہے

جلووں پہ بھی پہرے ہیں تخیل پہ بھی پہرے
آزادیٔ افکار کی دنیا وہ کہاں ہے

اب تک ہے مجھے یاد نگاہوں کا وہ عالم
تخئیل کی دنیا مری اے دوست جواں ہے

دیوانے ہیں دیوانوں کی دنیا میں نہ آنا
دیوانوں کو احساسِ زماں ہے نہ مکاں ہے

پورب کا نہ پچھم کا نہ اُتر کا ہوں حسرت
دکن کا ہوں دکن کی زباں میری زباں ہے

•

39

غزل

وہ مجھ سے بجز میرے سوا مانگ رہے ہیں
معلوم نہیں مجھ سے وہ کیا مانگ رہے ہیں

لفظوں کا فسوں شعر کا رس آہ کی تاثیر
تحریر کا فن طرزِ ادا مانگ رہے ہیں

کل تک جو اسی چاند کے مسحور رہے تھے
اب چاند سے پیغام نیا مانگ رہے ہیں

آلامِ زمانہ کی کڑی دھوپ میں اے دوست
زلفوں کی تری کالی گھٹا مانگ رہے ہیں

جلتے ہوئے صحرا میں بگولوں کی طرح ہم
دامن سے ترے ٹھنڈی ہوا مانگ رہے ہیں

اس دَور میں جی لیں تو بڑا کام کیا ہے
ناداں ہیں جو مرنے کی دُعا مانگ رہے ہیں

کچھ ڈوبتے سورج کا اُجالا بھی ہے شامل
کچھ چاند ستاروں سے ضیا مانگ رہے ہیں

جس بزم سے اخلاص نے منہ پھیر لیا ہے
حسرت پھر اسی بزم سے کیا مانگ رہے ہیں

•

40

غزل

اک زخم دبا ہے تو نیا زخم کھلا ہے
کھلتا نہیں یہ راز کہ یہ سلسلہ کیا ہے

بھولی ہوئی یادوں کا کہیں شور مچا ہے
ماضی کے دریچے سے کوئی جھانک رہا ہے

دنیا یہی دنیا ہے تو کیا اس میں دھرا ہے
ہر شے میں بناوٹ ہے تصنّع ہے ریا ہے

جائیں گے کہاں کس کو خبر کس کو پتا ہے
یاں خضر بھی رہزن سے اماں مانگ رہا ہے

بہلاوے کی باتوں سے بھی کیا دل بہلا ہے
دل درد ہے خود درد کا درماں ہے دوا ہے

آندھی سے بجھا ہے نہ یہ طوفاں سے بجھا ہے
چھوٹا سا دیا درد کی ضو بانٹ رہا ہے

وجدان کے صدقے میں غم دہر ملا ہے
شاید یہی حسرت مری محنت کا صلا ہے

41

غزل

جب سے اُن کی زُلف ہے برہم
دل کی دُنیا درہم برہم

کون کسی کا دُکھ اپنائے
خود کا دُکھ بھی ہے کیا کچھ کم

کون کسی کے آنسو پونچھے
جب اپنی آنکھیں ہیں پُرنم

ہائے رے دنیا کے رکھوالے
بانٹ رہے ہیں دنیا میں غم

دنیا کیا ہے اِک افسانہ
اس افسانے کا محور ہم

کب تک غم کا بوجھ سہوگے
کردو میرے غم میں مدغم

ساز نئے ہیں راگ نئے ہیں
چھیڑ بھی دو اب وقت کی سرگم

یادوں کے انبار میں ڈھونڈو
شاید تم کو مل جائیں ہم

حسرت اپنے فن کا حاصل
جہدِ مسلسل سعیٔ پیہم

○

غزل

غم ہی غم ہیں اس دنیا میں پھر بھی ہے غم سے پیار بہت
اس گلشن کی ریت نرالی گُل کم ہیں اور خار بہت

جنس سے بوجھل بوجھل نغمے پیار سے عاری عاری گیت
شعروادب میں ان ہی چیزوں کا ہے اب بیوپار بہت

جنگل جنگل صحرا صحرا دیوانوں کے مسکن ہیں
ہوش کے رسیا ڈھونڈ رہے ہیں ان میں بھی افکار بہت

چاک گریباں کرنے والو کچھ تو رفو کی بات کرو
خونِ جگر کی لالی سے پیراہن ہے گلنار بہت

رات کی خاموشی سے دن کے ہنگاموں کو کیا نسبت
رات کی خاموشی میں یارو کھلتے ہیں اسرار بہت

غم جو نہیں تو کچھ بھی نہیں ہے غم ہی سراپا دنیا ہے
تار جو غم کے بجتے ہیں تو ہوتی ہے جھنکار بہت

شعروادب کو لیکر حسرت کس محفل میں جائیں ہم
ہر محفل میں اب تو شاعر کم ہیں موسیقار بہت

●

43

غزل

زندگی درد سہی درد نبھانا ہوگا
غم و آلام کے نغمات کو گانا ہوگا

مصلحت کا ہے تقاضا کہ زباں بند رہے
وقت رہ رہ کے یہ کہتا ہے سُنانا ہوگا

عشق کی آگ میں جل جل کے بجھے ہیں ہم تو
سرگراں ہم سے بھلا کون دِوانا ہوگا

کوئی آواز تو آئے کوئی پتا تو ہلے
دل کے بہلانے کا کوئی تو بہانا ہوگا

بوجھ ایسا بھی نہیں ہے کہ اٹھائے نہ بنے
ہاں ذرا اس کو سلیقے سے اُٹھانا ہوگا

راستہ کے درد کو کٹنا ہی ہے کٹ جائیگا
ہاں ذرا شمع کی لو اور بڑھانا ہوگا

ڈوبتے سایوں کے ہمراہ چلا ہوں حسرت
نہیں معلوم کہاں میرا ٹھکانا ہوگا

44

غزل

یادوں کے سہارے جی رہا ہوں
ماضی سے لہو نچوڑتا ہوں

میں سب کے پتوں کو جانتا ہوں
خود اپنے پتے سے لاپتا ہوں

آگے نہ میرے نہ کوئی پیچھے
اب کس کو تلاش کر رہا ہوں

روٹھی تو نہ مانی عمرِ رفتہ
مدت سے اسے منا رہا ہوں

پایا ہے کہ کھو دیا ہے کیا ہے
یگ یگ سے یہی میں سوچتا ہوں

ہر شام جلا کے شمعِ اُمید
ہر صبح اس کو پھونکتا ہوں

واللہ ترس نہ کھاؤ مجھ پر
خود اپنے کیے کی میں سزا ہوں

ہر منزل بندگی سے گزرا
تب جا کے کہیں خدا بنا ہوں

حسرت کو تلاش کرنے والو
خود میں بھی اس کو کھوجتا ہوں

•

غزل

کس کو کھویا ہے کس کو پایا ہے
بارہا یہ خیال آیا ہے
زندگی کی کراہتوں پر بھی
ہم کو آیا تو پیار آیا ہے
لطف مرنے میں ہے نہ جینے میں
موڑ ایسا بھی ایک آیا ہے
وعدہ کرو عدہ کچھ تو بات بنے
کس نے وعدہ بھلا نبھایا ہے
آگ اپنی ہو یا پرائی ہو
اپنے اشکوں سے خود بجھایا ہے
زندگی کی سیاہ راتوں کو
تیری یادوں سے جگمگایا ہے
بوجھ اُٹھتا نہیں ہے کیا کیجے
ہم نے سو سو طرح اُٹھایا ہے
کارواں ہے نہ کارواں کا غبار
خضر نے گل یہ کیا کھلایا ہے
ہم نے حسرت سکون کی خاطر
دشمنوں کو گلے لگایا ہے

●

46

غزل

فرازِ طور گئے یا فرازِ دار گئے
تمھارے چاہنے والے حدوں کے پار گئے

بڑا ہجوم تھا یارانِ تیز گام کے ساتھ
گئے جو منزلِ دل تک تو بس دو چار گئے

اماں کہیں نہ ملی دہر میں نہ کعبہ میں
کہاں کہاں نہ ترا نام ہم پکار گئے

ہمارے اشک تھے وہ جو چمن کی چاہت تھی
گلوں کے نام پہ نامۂ بہار گئے

اُٹھے تو چل نہ سکے چل پڑے تو بیٹھ گئے
غمِ حیات کے مارے غموں سے ہار گئے

سمجھ میں آ نہ سکا رازِ زندگی اب تک
گزارنے کو تو ہم زندگی گزار گئے

بڑی کٹھن تھی رہِ امن و آشتی حسرت
ہمیں تھے وہ جو بلا خوف سوئے دار گئے

47

غزل

دنیائے محبت کے یہ دستور رہے ہیں
اپنے جو ہیں اپنوں سے بہت دور رہے ہیں

جو لوگ سرِ دار سرِ طور رہے ہیں
وہ لوگ زمانے میں بھی مشہور رہے ہیں

رنجور رہے ہیں کبھی مسرور رہے ہیں
ہم اہلِ جنوں عشق سے معمور رہے ہیں

جو لوگ ترے حُسن سے مسحور رہے ہیں
وہ تیرے تغافل کے بھی مشکور رہے ہیں

بدنامِ زمانہ ہیں مگر خود ہیں سے زمانا
ہم اہلِ وفا آج کے منصور رہے ہیں

جینا ہے تو جینے کا سلیقہ بھی تو سیکھو
ہر دَور میں جینے کے بھی دستور رہے ہیں

کیا سمجھیں گے وہ آگہیٔ عصر کو حسرت
جو لوگ زمانے سے بہت دُور رہے ہیں

48

غزل

کون ہے اپنا کون پرایا کس سے ناطہ جوڑیں گے
ہیرا موتی توڑ چکے اب پتھر کنکر توڑیں گے

دنیا کے مُورکھ اندھیارے ناگن بنکے ڈستے ہیں
اُجیاروں کو ڈھونڈیں گے سورج کا تالا توڑیں گے

پورب پچھم اُتر دکن گورے کالے اپنے ہیں
آدمیت کے ناطے ہم سب کو اپنا کر چھوڑیں گے

صحرا صحرا پیاس بجھی ہے دریا دریا پیاسے ہیں
کب تک یہ اندھیر رہے گا کب تک ہم سر پھوڑینگے

درد کی دنیا قائم دائم خوشیاں آتی جاتی ہیں
خوشیوں کو اپنانے والے خود کو مٹا کر چھوڑینگے

دِلداری اپنا شیوہ ہے دل آزاری آپ کریں
جو چاہو سو آپ کریں ہم اپنا مُنہ نہ موڑیں گے

بھور بھئی کوئی آیا ہے حسرت دیکھو کون ہے وہ
شاید کوئی راہی ہوگا راہ دِکھا کر چھوڑیں گے

غزل

کہاں گئے وہ مرے خواب ناتمام بلاؤ
ابھی تو رات پڑی ہے مجھے ابھی نہ جگاؤ
سمندروں سے مٹے گی نہ تشنگی اپنی
ہماری پیاس تمھارے ان آنسوؤں سے بجھاؤ
بجھا سکو تو بجھا دو وصال کی شمعیں
چراغِ ہجر کے دو چار بزم میں سلگاؤ
ضرور ڈھل کے رہے گی یہ رات غم نہ کرو
سحر قریب ہے اک نعرہ ہائے شوق لگاؤ
گھلی ہے نیند سی آنکھوں میں اور کام بہت
میں تھک گیا ہوں ذرا تم مرے قریب تو آؤ
دراز ہیں غم دوراں کے سلسلے تو کیا
تم اپنے سلسلۂ زلف کو ذرا پھیلاؤ
غزل کی مانگ کا سیندور کس نے لوٹ لیا
ذرا غزل کو سنبھالو ذرا غزل کو سجاؤ
ابھی غزل ہے توانائیوں کا آئینہ
ہزار رُخ کو اسی آئینے میں تم دکھلاؤ
اُداس اُداس ہے محفل دھواں دھواں ہے سماں
غزل کے ساز پہ حسرت کوئی تو گیت سناؤ

•

50

غزل

ہوش کی باتیں کون سُنے ہے لوگ نئے ہیں شہر نیا
چل نکلو اس آبادی سے بسائیں جنگل یا صحرا

ڈگر ڈگر غوغائے سگاں ہے روش روش ہے آہ و فغاں
آدمیوں کی بھیڑ ہے لیکن انساں کا نہیں کوئی پتا

اس کو تم پانی نہ سمجھنا خون بہے ہے آنکھوں سے
اک اک قطرہ جہاں گرے گا سو سو طوفاں لائے گا

غم کا دامن کانٹوں سے کچھ ایسا اُلجھا ہے یارو
اک مدت سے کھینچ رہا ہوں اب تک ہاتھ لگا نہ سرا

دور کہیں شہنائی بجی ہے نیند سے آنکھیں بوجھل ہیں
بھور بھئی کس کا سندیسہ لے آئی ہے بادِ صبا

کہنے کو تو سب اپنے ہیں لیکن اپنا کوئی نہیں
سننے والے ملے ہزاروں رونے والا اک نہ ملا

غم کا بوجھ کسی سے نہ اُٹھا بحر و بر بھی ہار گئے
سارا بوجھ اُٹھانے کو اک حسرت ہی رہ گیا تنہا

51

غزل

جب بھی تمھاری یاد ستائی تو رو دیے
دامن کو اپنے اشک ندامت سے دھو لیے

یوں بھی غم حیات کے کانٹے تھے تیز تر
ہم نے انھیں کو پھول سمجھ کر پرو دیے

جب بولتے تھے ہم تو زمانہ خموش تھا
جب ہم ہوئے خموش تو کہتا ہے بولیے

میخانے کے قریب رہے پھر بھی تشنہ کام
دو چار قطروں ہی سے لب اپنے بھگو لیے

مسجد کہ میکدہ کہ کلیسا کہ کوئے یار
جب بھی ملا جہاں بھی ملا امن سو لیے

آلامِ زندگی کے ستائے ہوئے ہیں ہم
جو بھی ملا خلوص سے ہم اس کے ہو لیے

مُہرِ سکوت توڑ بھی دیجیے کہاں تلک
ہم سے نہ بولیے گا ذرا ہم سے بولیے

پنہاں اسی زمین میں ہیں جنتیں کئی
حسرت ذرا زمین کا سینہ تو کھولیے

●

52

غزل

تھک گئے جسم تو روحوں کو صدا دی جائے
اک نئی بزم کچھ ایسی بھی سجا دی جائے

نیم ہوشی سے تو بہتر ہے کہ مدہوش رہیں
نیم ہوشوں کو ذرا اور پلا دی جائے

ایک دو گام پہ منزل کسے ہاتھ آئی ہے
دل کے بہلانے کو یہ بات بتا دی جائے

کوئی آوارہ نہیں کوچۂ دلدار کے پاس
کیوں نہ دیوانوں کی اک بھیڑ لگا دی جائے

ایک بھرتا ہے تو اک زخم نیا کھلتا ہے
کیوں نہ زخموں کی نئی فصل اگا دی جائے

کارواں ڈوب گئے ہیں پسِ منزل کتنے
رہبرِ قوم کو یہ بات بتا دی جائے

تلخیٔ گردشِ دوراں کو بھلانے کے لیے
کیوں نہ حسرتؔ غمِ جاناں کو صدا دی جائے

•

(53)

غزل

تیری زمیں سے دور ترے آسماں سے دور
جی چاہتا ہے جا کے رہیں لامکاں سے دور

تاریکیوں کی خیر مناؤ کے دوستو
شمس و قمر بھی رہتے ہیں اپنے مکاں سے دور

اتنا اُلجھ گیا ہوں سُلجھنا محال ہے
شاید تمہاری یاد بھی ہے آسماں سے دور

ہم رہروانِ کوچۂ قاتل ہیں دوستو
یکساں ہے کارواں میں رہیں کارواں سے دور

وہ دل کے تھے قریب ابھی کل کی بات ہے
رہنے لگے ہیں اب مرے وہم و گماں سے دور

دل ہی نہیں رہا تو خزاں کیا بہار کیا
اُجڑا نگر بساؤ بہار و خزاں سے دور

وہ آئیں یا نہ آئیں کروں گا نہ انتظار
حسرت چلا ہے گردشِ دورِ زماں سے دور

•

54

غزل

زخموں پر پھاہا رکھو گے ایسا ہی کچھ سوچا تھا
زخموں کو گہرا کردو گے اس کا کیا اندیشہ تھا

انسانوں کی بھیڑ میں ویسے ہر اک اپنا لگتا تھا
چھوکر جو دیکھا تو لگا ہر اک مٹی کا پتلا تھا

ہر آہٹ پر کان لگائے بیٹھا ہوں اک مدت سے
دل کہتا ہے ابھی ابھی وہ اس رستے سے گزرا تھا

ویسے لاکھوں ہیں دنیا میں ہر اک کی دنیا ہے الگ
میرے ساتھ جو رہتا تھا بس وہ میرا ہی سایا تھا

گھور اندھیرے میں سورج کی ایک کرن ہی کافی تھی
اپنے سورج پر تو مدت سے اک بادل چھایا تھا

بستی بستی آگ لگی ہے شہر شہر اک طوفاں ہے
ویرانوں میں ڈھونڈ رہا ہوں اپنا بھی اک چہرا تھا

ایسے بھی دن تھے کہ دیوانے بھی ہم سے ڈرتے تھے
اپنی دیوانگی کا چرچا فرزانوں میں ہوتا تھا

مجنوں سے ملنا چاہو تو آؤ ہم سے مل جاؤ
جس کو تم مجنوں کہتے ہو اپنا ہی ہمسایا تھا

حسرتؔ میرؔ کے رنگ میں کہنا بائیں ہاتھ کا کھیل نہیں
اپنا ہی دل جانے ہے یہ میرؔ کے ظرف میں کیا کیا تھا

•

غزل

کوئی رہبر ہے نہ منزل کا پتا ہے لوگو
کارواں پھر بھی کہاں جانے چلا ہے لوگو

ہر طرف دہر میں ہنگامہ بپا ہے لوگو
ایک کا ہاتھ ہے اور اک کا گلا ہے لوگو

نہ کوئی دوست نہ دشمن نظر آتا ہے یہاں
آج انسان دوراہے پہ کھڑا ہے لوگو

ہر نفس ایک قیامت سے نہیں کم اپنا
لوگ کہتے ہیں کہ اپنا بھی خدا ہے لوگو

غم دنیا غم جاناں کی حدوں سے آگے
پس پردہ کوئی کچھ بول رہا ہے لوگو

کئی انسانوں نے خون اپنا بہایا ہوگا
تب کہیں جا کے بنا ہوگا خدا ہے لوگو

لاکھ حسرت ہے روایات کا پابند مگر
اک نیا طرزِ سخن اس سے چلا ہے لوگو

●

56

غزل

دل کی دُنیا سے آ نکال مجھے
اے غمِ زندگی سنبھال مجھے

گرتے گرتے سنبھل گیا ہوں میں
جب بھی آیا ترا خیال مجھے

فرد ہوں انفرادیت ہے مری
گیند کی طرح مت اُچھال مجھے

تیری بس ایک بے رُخی کے سوا
اور کچھ بھی نہیں ملال مجھے

مجھ میں ایسا کوئی کمال نہیں
نہ سمجھ صاحبِ کمال مجھے

کون ہوں کیا ہوں کس لیے ہوں میں
کوئی سمجھائے یہ سوال مجھے

میں حقیقت میں آبگینہ ہوں
ٹوٹ جاؤں گا دیکھ بھال مجھے

جبر سے مجھ کو پائمال نہ کر
کر محبت سے پائمال مجھے

اک تعلق تو اللہ سے ہے حسرت
ہجر ہو یا کہ ہو وصال مجھے

•

57

غزل

مسکراہٹیں بھی ہیں آنسوؤں کی برکھا بھی
زندگی حقیقت بھی زندگی فسانا بھی

عشرتیں جھجکتی ہیں میرے پاس آنے کو
اب چلا ہے کترا کر مجھ سے میرا سایا بھی

آدمی ہی کرتا ہے خون آدمیت کا
آدمی ہی رکھتا ہے آدمی سے رشتا بھی

دیکھنے میں قطرہ ہے اصل میں یہی قطرہ
اک اتھاہ ساگر بھی اک عمیق دریا بھی

یہ عجیب دنیا ہے کاٹنے کو آوے ہے
شام کا اندھیرا بھی صبح کا اُجالا بھی

جینے والے جینا ہے جس طرح بھی بن پائے
زندگی کے دامن میں پھول بھی ہے کانٹا بھی

حسرت اپنی جلوت بھی خلوتوں پہ بھاری ہے
مجلسوں میں رہتے ہیں مجلسوں سے تنہا بھی

•

58

غزل

کون ہوں کیا ہوں کس جگہ ہوں میں
اک معمہ ہوں لاپتا ہوں میں
ٹیڑھے میڑھے ہیں راستے پھر بھی
سمت منزل کے جا رہا ہوں میں

کوئی آگے نہ ہے کوئی پیچھے
بندگی میں بھی اک خدا ہوں میں
اُس طرف دَیر اِس طرف کعبہ
بیچ رستے میں کھو گیا ہوں میں

کس کو الزامِ بے وفائی دیں
خود پہ الزام دھر رہا ہوں میں
نُور کا اک اتھاہ ساگر ہوں
آئینہ گر ہوں آئینا ہوں میں

حادثے مجھ کو راس آئے ہیں
اصل میں خود بھی حادثا ہوں میں
میری زد میں ہیں آج شمس و قمر
کس بلندی پہ آ گیا ہوں میں

تیری محفل سے اُٹھ گیا ہوں مگر
تجھ کو آنکھوں میں لے چلا ہوں میں
تیری تصویر بھی ہے تو بھی ہے
کس کو حیرت سے دیکھتا ہوں میں

دل کے رِشتے عجیب ہیں حسرت
یاد آئے تو رو پڑا ہوں میں

●

59

غزل

راہرو ہے نہ کوئی راہ گزر — زندگی یوں بھی ہو رہی ہے بسر
آدمی آدمی سے ڈرتا ہے — ہائے کس درجہ گر گیا ہے بشر

ایک مدت سے آدمی نہ ملا — کر رہا ہوں اسے تلاش مگر
زندگی اضطرابِ پیہم ہے — زندگی میں سکوں تلاش نہ کر

یوں تو جینے کو جی رہے ہیں مگر — زندگی موت سے بھی ہے بدتر
کچھ تری یاد کے سوا بھی ہیں — اور یادیں مری شریکِ سفر

ہیں ہنر آج عیب میں داخل — عیب جتنے تھے بن گئے ہیں ہنر
اپنے ماضی کو رو رہے ہیں گاؤں — قریہ قریہ ہے آج ایک نگر

کارواں کارواں لٹے ہیں یہاں — اتنی تیزی سے جا رہے ہو کدھر
بستی بستی ہے جنگ کا میداں — خوں نہایا ہے ایک ایک نگر

شاعری کے سفر میں اے حسرت
بس غزل ہی رہی رفیقِ سفر

60

غزل

آپ خود بھی رویا تھا اس کو بھی رلایا تھا
جب بہار کا موسم میرے پاس آیا تھا

شور و غل کا ریلا تھا آدمی کا میلا تھا
ازدحام میں لیکن میں ہی اک اکیلا تھا

جبر تھا مشیت تھی یا ترا تقاضا تھا
ورنہ بزمِ امکاں میں میں کہاں سے آیا تھا

میں ہی ساتھ تھا میرے لوگ کیوں یہ کہتے ہیں
کل جو ساتھ تھا میرے وہ کوئی پرایا تھا

یہ کرم بھی کیا کم ہے آپ کی عنایت سے
ہم نے لطفِ جینے کا بار اٹھایا تھا

شور تھا نہ خاموشی ہوش تھا نہ مدہوشی
کارگاہِ ہستی میں بس میرے سوا کیا تھا

سب نے جس کو ٹھکرایا اس کو میں نے اپنایا
بوجھ جو نہ اٹھتا تھا اس کو میں اٹھایا تھا

یہ عجیب دنیا ہے ہر ادا نرالی ہے
اب جو پاس ہے میرے کل وہ دور رہتا تھا

کس کو اتنی فرصت ہے کون یاد رکھتا ہے
ہم نے کس کو پایا تھا ہم نے کس کو کھویا تھا

یہ بھی اک کرشمہ ہے درد کے اندھیروں میں
آپ کے تصور سے ہر طرف اجالا تھا

اس ستم کو کیا کہیے دل بھی کھو گیا حسرت
کس جتن سے مدت سے ہم نے اس کو پالا تھا

(61)

غزل

جب بھی تیری بات چلی
یادوں کی بارات چلی
ساون بھادوں بیت گئے
دن ڈوبا اور رات چلی
ہوش کسے ہے جینے کا
موت کے ساتھ حیات چلی
رشتے ناطے ٹوٹ گئے
ظلم کی اک بہتات چلی
ہم نے کوئی بات نہ کی
بات آئی تو بات چلی
جب بھی یاد تری آئی
آنسو کی سوغات چلی
ندی نالے روتے ہیں
صحرا میں برسات چلی
دنیا سے جی اوب گیا
دنیا کس کے ساتھ چلی
جب بھی غزل کی بات چھڑی
حسرت تیری بات چلی

•

62

غزل

دُکھتی رگوں کو چھیڑا کر
درد جو ہو تو رویا کر

مسجد ہو یا مے خانہ
پابندی سے جایا کر

دنیا ایک کھلونا ہے
جب تک چاہے کھیلا کر

آدمیوں کے میلے میں
انسانوں کو ڈھونڈا کر

تو خود تیرا دشمن ہے
اپنے سے بھی پردا کر

تنہائی کی راتوں میں
بیٹھ کے پہروں سوچا کر

درد میں کتنی لذت ہے
اہلِ نظر سے پوچھا کر

گر بھگوان سے ملنا ہے
انسانوں کی سیوا کر

شعر کے پردوں میں حسرت
دِل اپنا بہلایا کر

•

غزل

کچھ تیری کہانی ہے کچھ میرا فسانا ہے
دنیا جسے کہتے ہیں بس اس کے سوا کیا ہے

رہبر ہے نہ رہرو ہے منزل ہے نہ رستہ ہے
جائیں تو کہاں جائیں ہر سمت اندھیرا ہے

ہنگاموں کی بستی میں وہ شور نہ غوغا ہے
اب کوچۂ یاراں بھی لگتا ہے کہ صحرا ہے

خاکی ہوں مگر پھر بھی افلاک سے رشتا ہے
اس خاک کے ذرّے کا آفاق پہ چرچا ہے

اِتہاس کی قسمت میں شاید یہی لکھا ہے
پر جا پسِ پردہ ہیں ہر موڑ پہ راجا ہے

آفاق کی منزل سے آہستہ گزر ورنہ
ہر ذرّۂ خاکی کا دِل ٹوٹ بھی سکتا ہے

دیکھو نہ حقارت سے ہم خاک نشینوں کو
تہذیب نے پالا ہے تاریخ نے سینچا ہے

کچھ تیرے سوا بھی ہیں غم اور بھی دُنیا کے
کچھ تجھ سے بھی رشتہ ہے کچھ اُن سے بھی رِشتا ہے

شکوہ نہ شکایت ہے دُنیا سے مجھے حسرت
دنیا نے بھلا کس کو ہنستے ہوئے دیکھا ہے

●

64

غزل

ہر نفس ایک سانحا ہے میاں
ہر گھڑی ایک حادثا ہے میاں

ہر قدم ایک زلزلا ہے میاں
ہر ڈگر ایک کربلا ہے میاں

آدمی آدمی کا دشمن ہے
دور کیسا یہ آگیا ہے میاں

یہ زمیں آسماں یہ شمس و قمر
میری سوچوں کا سلسلا ہے میاں

اپنی کشتی کا اب خدا حافظ
ناخدا خود خدا بنا ہے میاں

جی رہا ہوں یہی غنیمت ہے
زندہ رہنا بھی معجزا ہے میاں

راستے بند راہرو مبہوت
خضر شاید بھٹک گیا ہے میاں

تیرا غم اور کائنات کا غم
میرے شعروں میں ڈھل گیا ہے میاں

ویسے حسرت سے کب نبھی دُنیا
جیسے تیسے نبھا رہا ہے میاں

•

65

غزل

ڈھل گئی رات تو ہوا معلوم
چاند تارے ہیں کس قدر مغموم

زندگی پُرسکون تھی کتنی
تیری یادوں سے جب ہوئی موسوم

آپ کی بے رُخی کا احساں ہے
زندگی کا بتا گئی مفہوم

ہے سکوں دیر میں نہ کعبہ میں
دونوں گھر ہیں خلوص سے محروم

اس کے رُتبے کی کیا ثنا لکھوں
جھک گئے جس کے آستاں پہ نجوم

ہائے جمہوریت کی محرومی
جسم آزاد قلب ہیں محکوم

جانے کس سمت کو گئی ہے نسیم
ہر طرف چل رہی ہے بادِ سموم

اوم تت ست ہو یا کہ الاّ اللہ
ان میں سارے سما گئے ہیں علوم

ایک سے ہیں یہاں سبھی چہرے
کس کو ظالم کہیں کسے مظلوم

زندگی کی کثافتوں پہ نہ جا
زندگی اب بھی ہے بڑی معصوم

ہم نے حسرت غزل کو بخشا ہے
ورثۂ میر و غالب مرحوم

●

غزل

درد نے کتنے شہر بسائے چاروں اور ہیں درد کے سائے
خوشیوں کی چاہت ہے جن کو اس نگری میں کبھی نہ آئے

ہم کو چاہو ہم سے مِل بیٹھو ہم کوئی غیر نہیں ہیں
ہم دیوانے ہم فرزانے ہم اپنے ہیں نہیں پرائے

ان کے غم کی بات چلی ہے اپنے غم کو بھول گیا ہوں
دونوں غم یکساں ہیں یارو چند اشارے چند کنائے

بھیڑ ہے سننے والوں کی مجھ پر لیکن اب بھی باقی ہے
ایسی آنکھ جو میرے رِستے زخموں پر دو اشک بہائے

کون ہمارا کون تمھارا کون ہے اپنا کون پرایا
دل بہلانے کی باتیں ہیں کوئی کسی کے کام نہ آئے

بادل چھائے پانی برسا لیکن اپنا کھیت نہ بھیگا
ایسے بادل سے کیا لینا آئے نہ آئے جائے نہ جائے

میں نے میرؔ کے رنگ کو حسرتؔ ایک نیا انداز دیا ہے
کوئی مجھ کو شاعر مانے یا کوئی مجھ سے کترائے

67

غزل

جن کو آنا ہے آئیں گے آج نہیں تو کل
دیر سویر آ ہی جائیں گے ہوتے ہو کیوں بیکل

اُس کو تم بادل نہ کہو جو سارے کو نہ بھگو دے
آدھا کھیت بھی جس سے نہ بھیگا وہ کیسا بادل

ڈگر ڈگر پر لگے ہیں پہرے یہ کیسا ہے نگر
بات بات پر تعزیریں ہیں گھڑی گھڑی پل پل

توڑ پھوڑ کی بات کرے سو دانا کہلائے
میل ملاپ کی بات کرے سو کہلائے پاگل

کب تک راہ دکھاؤ گے تم کب تک آؤ گے
نیند کھلی ہے آنکھوں میں اور آنکھیں ہیں بوجھل

یہ کیسا بازار ہے یارو ڈگر ڈگر پر قتل
نفر نفر قاتل سا لگے ہے قدم قدم مقتل

یُگ یُگ بیتے یاد نہ آئی تیری لیکن کیوں
آئی ہے تو لگتا ہے کہ مچ گئی اک ہل چل

راہِ عشق میں مستحکم رہ پاؤں دیکھ کے رکھ
جانے کتنوں ہی کے یہاں پر قدم گئے ہیں پھسل

چادر تانے سوتا کیوں ہے حسرت بھور بھئی
کوئل کُوکی سورج نکلا بستر چھوڑ نکل

●

68

غزل

زندگی میں کہاں قیام آیا
رُک گیا میں جہاں مقام آیا

آپ کے نام آئے سو پیغام
میرے حصّے میں اِک پیام آیا

جب بھی بچّوں کو کھیلتے دیکھا
میرے لب پر خدا کا نام آیا

پہلے آیا سرور محفل میں
اور کچھ دیر بعد جام آیا

درد ہی بن گیا دوا اپنی
بس یہی ایک میرے کام آیا

ابتدا تھی سفر کی وائے نصیب
چل پڑے ہی تھے اختتام آیا

وہ کہاں غیر تھا وہ اپنا تھا
صبح کا بھولا تھا جو شام آیا

کٹ گئی عمر تب کہیں جاکر
آدمیت کا احترام آیا

میکدے سے ترے سبھی پی آئے
ایک حسرتؔ ہی تشنہ کام آیا

•

غزل

اچانک یہ مجھے کیا ہو گیا ہے
چمن بھی مجھ کو ویرانہ لگا ہے
یہ کیسا موڑ ہے کیوں رک گیا ہوں
نہ منزل ہے نہ کوئی راستا ہے
جہنم ہے یہ دنیا جی رہا ہوں
مری ہمت ہے میرا حوصلا ہے
مری دیوانگی پر ہنسنے والو
یہ دیوانا کبھی فرزانہ رہا ہے
رحیم و رام کے جھگڑے میں یارو
لہو انسان کا کیوں بہہ رہا ہے
جو سوچوں تو رگِ جاں کے قریں ہیں
نہ سوچوں تو بڑا ہی فاصلا ہے
زمانے کو نہ تم بدنام کرنا
حقیقت میں زمانا ہی خدا ہے
جو ہونا ہے وہ ہو کر ہی رہے گا
کسی کے روکنے سے کب رکا ہے
امید و بیم کی تنہا ڈگر پر
نہ جانے آہ حسرت کیوں کھڑا ہے

•

70

غزل

زندگی درد کا اک دھندا ہے
آدمی اس میں پراگندہ ہے

رام کا گھر ہو کہ رحمان کا در
وہی محصول وہی چندا ہے

پیر و مُلّا کی دکاں چل نکلی
کاروبار عقل کا کچھ مندا ہے

آج انسان کی سفاکی پر
حیف شیطان بھی شرمندہ ہے

ہر طرف ہے یہ اندھیرا کیسا
وہی سورج ہے وہی چندا ہے

خود بخود پھوٹ پڑے ہیں نغمے
ساز ہے کوئی نہ سازندہ ہے

اجنبی آج بھی حسرت ہے یہاں
جانے کس دیس کا باشندہ ہے

•

71

غزل

زندگی کھیل ہے تماشا ہے
آدمی اس میں اِک کھلونا ہے
میں بھلا کس کو دوش دوں یارب
ہر گنہگار یاں فرشتا ہے
کس کو آواز دوں کہاں جاؤں
ہر گلی بند تنگ رستا ہے
دشمنی دوستی میں ڈھلتی ہے
جب محبت کا ساز بجتا ہے
خواہ مسجد کا ہو کہ مندر کا
ہر دیا روشنی ہی دیتا ہے
چلتے چلتے یہ رُک گئے کیوں ہو
کیا کسی حادثے کا خدشا ہے
بات آہستہ ہو تو بنتی ہے
ورنہ اِک سانحا سا لگتا ہے
اشک قطرہ ہے بس یہی قطرہ
پھیل جائے تو ایک دریا ہے
شاعری سہل ہو گئی حسرت
ہاں میاں عُمر کا تقاضا ہے

•

غزل

آئینے کے رُو برُو کھڑا ہوں
میں خود کو تلاش کر رہا ہوں
منزل نہ سفر نہ راستا ہوں
رہزن ہوں میں اور نہ رہنما ہوں

یُگ یُگ سے کوئی چلا رہا ہے
برسوں سے یونہی میں چل رہا ہوں
حیرت سے ہر اک کو دیکھتا ہوں
میں مثلِ غبار دوڑتا ہوں

تُم مجھ کو کہاں سمجھ سکو گے
میں خود کو نہیں سمجھ سکا ہوں
دشمن ہے نہ کوئی دوست اپنا
صحرا کا درخت ہوں کھڑا ہوں

سمجھو نہ حقیر مجھ کو یارو!
بندہ ہوں مگر خدا نما ہوں
روئدادِ غمِ جہاں کو حسرت
الفاظ کی لَے میں گا رہا ہوں

•